BEI GRIN MACHT SICH IHR WISSEN BEZAHLT

Bibliografische Information der Deutschen Nationalbibliothek:

Die Deutsche Bibliothek verzeichnet diese Publikation in der Deutschen National-
bibliografie; detaillierte bibliografische Daten sind im Internet über http://dnb.d-
nb.de/ abrufbar.

Impressum:

Copyright © 2008 GRIN Verlag, Open Publishing GmbH
Druck und Bindung: Books on Demand GmbH, Norderstedt Germany
ISBN: 9783640444946

Dieses Buch bei GRIN:

http://www.grin.com/de/e-book/136757/das-web-projekt-hyper-cyber-text-net-
literatur-im-digitalen-zeitalter

Daniela Miebach

Das Web-Projekt - hyper-cyber text@net - Literatur im digitalen Zeitalter

GRIN Verlag

GRIN - Your knowledge has value

Der GRIN Verlag publiziert seit 1998 wissenschaftliche Arbeiten von Studenten, Hochschullehrern und anderen Akademikern als eBook und gedrucktes Buch. Die Verlagswebsite www.grin.com ist die ideale Plattform zur Veröffentlichung von Hausarbeiten, Abschlussarbeiten, wissenschaftlichen Aufsätzen, Dissertationen und Fachbüchern.

Besuchen Sie uns im Internet:

http://www.grin.com/

http://www.facebook.com/grincom

http://www.twitter.com/grin_com

Das WEB – Projekt

Hyper_cyber_netz@text.
Literatur im digitalen Zeitalter

Inhaltsverzeichnis

Netzliteratur

Netzliteratur zeichnet sich durch den Ort und die dort herrschenden Bedingungen der literarischen Produktion aus. Der Einsatz von netz- und computerspezifischen Techniken ist Voraussetzung.

Unterscheidungsschwerpunkte, um Netzliteratur von den vielen anderen Formen der Literatur im Netz abzugrenzen, sind, der Computer und das Netz an sich. Der Computer beinhaltet das Stilmittel der Interaktivität, der Intermedialität und der Inszenierung. Das Stilmittel des Netzes ist vor allem das der kollaborativen Autorschaft.

Netzliteratur kann nur online entstehen.

Sie ist geprägt durch die gemeinsame Arbeit, wobei die räumliche und die synchron zeitliche Präsenz nicht nötig sind. Das bedeutet, dass Netzliteratur von mehreren Autoren produziert wird und prinzipiell offen für die Beteiligung aller Internetnutzer ist.

Netzliteratur bildet zwei Zweige von Projekten aus.

1. Partizipative Projekte
2. Kollaborative Projekte

Bei den partizipativen Projekten bleibt die Autorenzuschreibung gewahrt.

Bei den kollaborativen Projekten ist dies nicht möglich, da viele Schreiber beteiligt sind. Hierbei wird auf redaktionelle Kontrolle verzichtet.

Das Netzliteratur stattfinden kann, ohne das die Schreiber synchron anwesend sein müssen, liegt daran, das sie zum Beispiel gemeinsam nacheinander an einem linearen, einsträngigen Text schreiben können. Eine weitere Möglichkeit ist auch, dass Autoren an verschiedenen Strängen eines Textes schreiben und ihn später zusammenführen. Auch der bloße thematische Zusammenhalt von Texten ist denkbar.

In solchen „Welten" treffen sich Programmierer, Schriftsteller und Künstler um in Kooperation Literatur zu schaffen. Es besteht auch die Möglichkeit als Programmierer zum Künstler zu werden, jede Variation ist möglich. Wichtig ist hierbei, dass Netzliteratur nur im Netz möglich ist und nicht auf lokale Datenträger gespeichert werden kann.

Netzliteraten schreiben für ein Publikum, dass mit der elektronischen Kommunikation vertraut ist. Diese Leser sind an die Eigenschaften nichtlinearer Texte vertraut und kennen die vorhandenen Strukturen. Der Leser im Internet erwartet andere Erscheinungsformen des Textes, als der Buchleser. Im Internet können Design und Ton eine große Rolle spielen, um den Inhalt zu transportieren. Auch visuelle Elemente können im Text enthalten sein.

Der Autor, oder die Autoren solcher Netzliteratur müssen sich stets im Klaren darüber sein, dass ihre Texte weltweit gelesen werden können und somit der Leserkreis weit weniger eingeschränkt ist, als bei einem Buch.

Die Rolle des Lesers

- Der Leser wird zum Akteur (erhält Wahlmöglichkeiten)
- Der Leser wird in den Produktionsprozess eingebunden.

Autorenschaft und Copyright in digitalen Medien

Die allgemeine Diskussion, die Verunsicherung ob der benutzten Begriffe, im Bezug auf die Netzliteratur, oder Literatur im Netz, stiften immer noch Verwirrung. So muss letztendlich erst einmal geklärt sein, in welchem Rahmen Literatur stattfindet, und in, wie weit diese, **einer** Person und **einer** Idee entspringt.

Uwe Wirth bringt es in folgendem Satz zum Ausdruck: „Die beiden Problemkreise betreffen dabei das nichtlineare, vernetzte Erzählen, das aufgrund seiner Linkstruktur kein Zentrum und keine festen Grenzen mehr kennt, sowie die Rollen und Funktionen von Autor und Leser."[1]

Verschiedene Ansätze zeigen auf, dass dieses Themengebiet nicht klar abgegrenzt ist und es auch erst einmal weiterhin schwierig bleibt, denn wir versuchen mit den uns bekannten Mitteln Neues in die vorhandene Form zu bringen, was so nicht ohne weiteres möglich ist, denn es passt nicht.

Die Frage nach dem Copyright und der Autorenschaft unterliegt zum einen einem Ökonomischen und zum anderen einem persönlichen Interesse. Das Copyright unterliegt rein ökonomischen Interessen. Das deutsche Urheberrecht unterscheidet sich vom angloamerikanischen Copyright in wesentlichen Punkten. Nach § 7 des Urhebergesetztes (URG) ist der Autor der Urheber und somit der Schöpfer eines Werkes. Werke im Sinne dieses Gesetzes sind nur persönliche geistige Schöpfungen. (§ 2 Abs.2 URG). Der Urheber hat insbesondere das Recht auf

- Verwertung
- Vervielfältigung
- Verbreitung
- Ausstellung
- Öffentliche Wiedergabe
- Und Bearbeitung des Werkes.[2]

---

[1] Wirth, Uwe: „ Der Tod des Autors". In: *Text und Kritik. Digitale Literatur.* Hg. von Heinz Ludwig Anold. Band 152. Göttingen 2001.
[2] Wagner, Martin und Haumann, Stephan: Referat „Autorenschaft und Copyright".

Der Autorenbegriff im digitalen Zeitalter erscheint trivial.

Uwe Wirth spricht sogar vom „[…] Tod des Autors als Geburt des Editors".[3]

Es gibt verschiedene Formen der Autorenschaft.

1. Der Leser als Autor
2. Das Programm als Autor
3. Der Autor als Initiator
4. Der Autor als Designer
5. Der einsame Autor

1. Die genauere Beschäftigung mit dem Leser als Autor beginnt dort, wo erst einmal geklärt werden muss, um welche Art Text es sich handelt. Handelt es sich um einen Hypertext, der in seinem Wesen einer nichtlinearen Anordnung seiner Teile folgt, ist der Leser nicht Autor, sondern kombiniert lediglich Textteile, die vom Autor vorgesehen sind.

Das Herzstück des Hypertextes ist der Link. [4]

Der Link stellt die verschiedenen Textteile bereit. In einem Text werden dabei einzelne Worte herausgehoben, die man durch Anklicken weiter verfolgen kann. Dabei führt ein weiterer Link den Leser meist immer weiter vom Ausgangstext weg. Der Leser als Autor muss somit einen Gesamtzusammenhang zwischen den verschiedenen Textteilen herstellen.

Im Unterschied dazu verweist eine Fußnote auf Weiterführende und/oder benutze Literatur, die dem Ausgangstext zugrunde liegt. Der Autor behält die Kontrolle über sein Werk, da der Leser nur die vom Autor vorgegebenen Pfade verfolgen kann.

2. Das Programm als Autor beinhaltet die Generierung eines Textes durch den Computer. Durch die Kombinationsvielfalt ist es dem Leser kaum möglich zu einem Ende zu kommen. Der Autor überlebt hier nur in der Programmiersprache.

---

[3] Wirth, Uwe: „ Der Tod des Autors". In: *Text und Kritik. Digitale Literatur.* Hg. von Heinz Ludwig Anold. Band 152. Göttingen 2001.

[4] Simanowski, Roberto: „Autorenschaften in digitalen Medien. Eine Einleitung." In: *Text und Kritik. Digitale Literatur.* Hg. von Heinz Ludwig Anold. Band 152. Göttingen 2001.

3. Der Autor ist hierbei nur noch für das *Setting* zuständig. Er selbst trägt meistens nicht zum Inhalt bei, sondern gibt lediglich den Rahmen vor. Der Rezipient wird zum Koautor. Der Text entsteht durch die kollaborative Autorenschaft. Die Möglichkeiten eröffnet, oder beschränkt aber der Initiator.

4. Der Autor wird zum Designer, nicht nur durch die Gestaltung des geografischen Raumes, sondern auch durch die Ankunft des World Wide Web. [5]

Durch die Möglichkeit Worte durch Icons zu ersetzen und damit Gefühle (ansatzweise) zu übermitteln, werden Worte zunehmend reduziert.

Es entsteht eine Art Buchstaben - Kunst[6].

Das WWW liefert die Möglichkeit der Komposition verschiedener Medien, sodass sich Filmmacher, Komponisten und Designer zusammenschließen, oder ein und dieselbe Person mehrere Funktionen erfüllt.

5. Der einsame Autor steht ein für den klassischen Autor an sich. Er schreibt für sich, nutzt aber die Möglichkeit seine Texte in Form von digitalisierter Literatur anzubieten.

Es besteht auch die Möglichkeit, dass ein Autor das Ende seines Werkes online zur Diskussion freigibt. Ein Beispiel ist die online geführte Diskussion zu Stephen Kings „The Plant".

---

[5] Simanowski, Roberto: „Autorenschaften in digitalen Medien. Eine Einleitung." In: *Text und Kritik. Digitale Literatur.* Hg. von Heinz Ludwig Anold. Band 152. Göttingen 2001.
[6] Ebd.

Hypertext - Theorie

1945 entwickelte Vannevar Bush die Grundidee des Hypertextes mit dem Namen „Memex".
Ted Nelson prägt 1965 den Begriff des Hypertextes.

Digitale Literatur nutzt mindestens ein spezifisches Merkmal digitaler Medien. Digitale Literatur kann **nur** in digitalen Medien existieren, was bedeutet, dass sie nicht druckbar ist. Zudem ist sie interaktiv, intermedial und inszeniert. Interaktivität entsteht zum Beispiel durch die Verlinkung einer Seite mit einer anderen.

Digitale Literatur grenzt sich von der Netzkunst und dem Nichtfiktionalen ab. Unterkategorien digitaler Literatur sind Mitschreibprojekte, Hypertexte und Multimediaprojekte. [7]

Der Hypertext wird in den 80er Jahren durch den PC verbreitet und erlebt seine Blütezeit in den 90er Jahren durch das WWW.

Die grundlegende Definition von Hypertext beinhaltet in sich abgeschlossene Texteinheiten, die nicht linear sind. Durch die vorhandenen Links wird dem Leser eine beliebige Lesereihenfolge ermöglicht. Der Leser wird thematisiert, denn er wählt die Links nach seinem Interesse aus, so wird er Teil der Geschichte. Er muss bereit sein, als aktiver Leser zu handeln, denn er muss sich seine Textfragmente selber zusammensetzten. Durch die neue Freiheit des Lesers bezüglich der grenzenlosen Textgestaltung kann eine Orientierungslosigkeit treten. Der Leser muss lernen, mit dieser Freiheit umzugehen.

Dabei kann es auch vorkommen, dass ein Text nicht abgeschlossen wird, dass es kein Ende gibt. Dieses Phänomen muss der Leser ertragen können. Durch die äußeren Umstände ergibt sich eine neue Rolle des Lesers. Durch die semantische Unabhängigkeit der Links ist es unmöglich mögliche Lesepfade vorauszusagen. Der Leser versucht das Werk zu kommentieren, indem er die Beziehung des Links zum verlinkten Textteil vorauszusagen versucht, aber der semantische Bezug ist keine Voraussetzung für eine Verlinkung einer Seite mit einer anderen.

Das Erzählen in der Hyperfiction unterscheidet sich vor allem durch die Verlinkung, von der traditionellen Literatur. Dieses Analysekriterium muss hinzukommen, wenn man sich mit multilinearem Erzählen auseinandersetzt. Die Anordnung der Links ist entscheidend für die Qualität des Hypertextes.

---

[7] Simanowski, Roberto: „Autorenschaften in digitalen Medien. Eine Einleitung." In: *Text und Kritik. Digitale Literatur.* Hg. von Heinz Ludwig Anold. Band 152. Göttingen 2001.

Der Unterschied zwischen Werk und Hyperfiktion

Das Werk hat einen abgeschlossenen Anfang und ein abgeschlossenes Ende. Der Text muss in der Regel linear gelesen werden, es sein den, es handelt sich z. B. um Lexika. Der Autor bestimmt den Fortgang und den Verlauf der Geschichte. Der Text ist hierarchisch organisiert.

Hyperfiktions sind nicht abgeschlossen, sie haben in der Regel einen Anfang, aber kein definiertes Ende. Hyperfiktions sind nicht linear zu lesen. Die Hierarchie ist aufgebrochen, da der Leser den Fortgang der Geschichte mitbestimmt.

Der entscheidende Unterschied ist der Link und die daraus resultierenden Möglichkeiten, aber auch Pflichten des Lesers.

Netzsprache

Hierbei geht es um Textsorten, die internetspezifische Ausdrücke im Alltag enthalten. So ist es uns schon immanent, dass man Sätze, die eigentlich dem Internet angehören verwendet, obwohl es der Kontext nicht erfordert.

Das Wort *downloaden* beispielsweise, ist ein computerspezifisches Wort. Jedoch erhält es in sofern Einzug in unsere Sprachwelt, als dass man es auch verwendet, um jemandem mitzuteilen, dass man etwas erst noch lernen muss. Oder umgangssprachlich: *„Ich muss wohl einen Defekt auf meiner Festplatte haben."*

Für : „Ich habe das vergessen."

Das Kürzel <E> findet bei der Wortbildung immer weitere Verbreitung. Zum Beispiel beim Worttyp *E-mail, E- learning* oder *E- banking*. Das <E> steht hierbei für das Basislexem *elektronisch.* [8]

Internetspezifische Schreibungen werden außerhalb des Internets immer populärer. Das ist allein schon an der Verwendung des @ - Zeichens erkennbar. Man benutzt das Zeichen @ als Wort „at", um an jemanden eine Nachricht zu adressieren, (@ Steffi). Man findet es im Wort *Internet C@fe*, aber auch bei Worten, die nicht im direkten Zusammenhang mit dem Internet stehen, z. B. Liter@tur.

Gründe für die Übernahme in Schrift und Sprache symbolisieren Weltoffenheit und Fortschritt. Der häufige Umgang mit dem Medium Computer führt zu Abkürzungen wie *M f G*, soll heißen „mit freundlichen Grüßen". Die Geschwindigkeit der heutigen Zeit und die

---

[8] Dürscheid, Christa: Netzsprache – ein neuer Mythos. Version vom 8.03.2003.

Möglichkeit des Internets verleiten dazu, mit möglichst wenig Zeichen eine Nachricht zu übermitteln. Das beste Beispiel ist die SMS. Um eine SMS zu entschlüsseln, muss man schon fast einer bestimmten peer group angehören, damit man die „Icons" ☺ richtig deuten kann und somit den Inhalt der short message richtig versteht. Dennoch ist ein breiter Einfluss noch nicht erkennbar. Der Einfluss macht sich in sofern bemerkbar, als dass man versucht möglichst präzise in seinen Formulierungen zu sein, damit unnötige Worte vermieden werden. Stark abhängig sind Erscheinungsformen der spezifischen Netzsprache also insbesondere bei Fachgesprächen.

Bibliographie

Dürscheid, Christa: Netzsprache – ein neuer Mythos. Version vom 8.03.2003.

Simanowski, Roberto: „Autorenschaften in digitalen Medien. Eine Einleitung." In: *Text und Kritik. Digitale Literatur.* Hg. von Heinz Ludwig Anold. Band 152. Göttingen 2001

Wirth, Uwe: „ Der Tod des Autors". In: *Text und Kritik. Digitale Literatur.* Hg. von Heinz Ludwig Anold. Band 152. Göttingen 2001.

www.netzliteratur.net/auer_doehl_dd.htm

- www.netzliteratur.net/hartling/netzliteratur_begriff_handlungsrollen_dispositiv.htm
- www.netzliteratur.net/heibach/muenchen.htm

http://auer.netzliteratur.net/worm/applepie.htm

www.reinhard-doehl.de/faun/faun.htm

http://auer.netzliteratur.net/pietist/tango.htm (Teilprojekt des Gesamtprojekts „Tango") „Tango-Projekt" www.netzliteratur.net/tango/

www.reinhard-doehl.de

e-Mail: www.berlinerzimmer.de/eliteratur/netzautoren/textra.html
    Newsgroup: www.usenet-autoren.de
    multimediale Literatur: www.84.pair.com/tegernh/looppool/